## Österreichs Bezirke in einer nostalgischen Buchreihe

In der Reihe „Österreichs Bezirke in alten Ansichtskarten"
bietet der Verlag Carl Ueberreuter eine Bilderreise in die Vergangenheit
dieses Landes: Jeder Band enthält eine große Auswahl der schönsten Ansichtskarten,
die praktisch alle Ortschaften und Gemeinden des jeweiligen Bezirks zeigen.
Im Laufe der nächsten Jahre sollen alle Bezirke Österreichs auf den Markt kommen.
Grundlage dieser Reihe ist die Sammlung von Johann Riegler,
der mit 2,5 Millionen historischen Korrespondenz- und Ansichtskarten
das weltweit größte einschlägige Archiv besitzt.

In der Reihe sind bis jetzt Bände zu folgenden Bezirken erschienen:

Amstetten (der Nordteil ist enthalten in: Amstetten; der Südteil in: Waidhofen/Ybbs),
Eisenstadt, Eisenstadt-Umgebung (enthalten in: Eisenstadt), Flachgau, Hallein (siehe:
Tennengau), Hartberg, Innsbruck, Judenburg, Krems, Kufstein, Liezen, Lungau, Melk,
Mistelbach, Neusiedl am See, Pongau, Rust (enthalten in: Eisenstadt), Salzburg, Salzburg-
Umgebung (siehe: Flachgau), St. Johann im Pongau (siehe: Pongau), St. Pölten, St. Veit,
Scheibbs, Tamsweg (siehe: Lungau), Tennengau, Waidhofen/Ybbs, Weiz, Wolfsberg,
Wr. Neustadt, Zell am See, Zwettl

Die aktuelle Liste der lieferbaren Titel finden Sie auch unter
www.ueberreuter.at

# FLACHGAU

## Der Bezirk in alten Ansichtskarten

UEBERREUTER

Der Bezirk Salzburg-Umgebung
Einwohner: ca. 135.100 (Stand 2007)
Größe: 1.004 km²

Bezirkshauptmannschaft:
Karl-Wurmb-Straße 17
5020 Salzburg

ISBN 978-3-8000-7299-6
Redaktion: Irmgard Dober
Gestaltung: xl-graphic
Ansichtskarten von Johann Riegler.
Sie können diese auch in digitaler Form unter www.illuscope.com käuflich erwerben.
Copyright © 2007 by Verlag Carl Ueberreuter, Wien
Printed in Czech Republic
1 3 5 7 6 4 2

Ueberreuter im Internet: www.ueberreuter.at

# Inhalt

# Vorwort

Der politische Bezirk Salzburg-Umgebung ist deckungsgleich mit dem Flachgau ohne die Landeshauptstadt Salzburg. Er umfasst den Unterlauf der Salzach vom Untersberg bis St. Georgen bei Salzburg, das Salzburger Seengebiet sowie die zum Salzkammergut gehörende Region um Fuschlsee, Hintersee und Wolfgangsee. Der Untersberg an der österreichisch-deutschen Grenze beherrscht den südlichen Flachgau.

Nördlich von Salzburg liegt mit Oberndorf eine Stadt, die vor allem mit einem Lied in Verbindung gebracht wird. 1818 komponierte hier der an der Volksschule in Arnsdorf wirkende Lehrer Franz Xaver Gruber nach dem Text von Joseph Mohr „Stille Nacht, heilige Nacht". Das Stille-Nacht-Museum in Arnsdorf widmet sich der Geschichte des Liedes. Die zweitürmige Wallfahrtskirche Maria Bühel hoch über der Salzach stellt mit ihrer prächtigen Innenausstattung eine andere, imposante Art des Gotteslobes dar. Aber auch bei den profanen Bauten zeigen die Oberndorfer Sinn für das Schöne: Die 1901–1903 erbaute Salzachbrücke ziert eine Jugendstil-Eisenkonstruktion mit kunstvollen Verzierungen. Noch weiter im Norden, an der Grenze zu Oberösterreich, liegt im Ort Dorfbeuern die Benediktinerabtei Michaelbeuern. Seit dem 8. Jahrhundert gibt es hier von einer Mönchszelle ausgehend ein Kloster, das das spirituelle und kulturelle Zentrum des Ortes darstellt.

Auf der Reise in den Osten des Flachgaus kommt man ins Salzburger Seenland. Am Wallersee liegen die beiden anderen Städte des Bezirks, Seekirchen und Neumarkt. Seekirchen wurde 696 zum ersten Mal urkundlich erwähnt und ist damit der am längsten nachweislich durchgehend besiedelte Ort in Österreich. Auch Neumarkt am Wallersee hat eine lange Geschichte, die Stadt wurde als „Wächter" an der Grenze um 1240 gegründet und mit vielen Privilegien ausgestattet, die dem damaligen Markt bis zu den Napoleonischen Kriegen zu einer guten Entwicklung verhalfen. Ebenso konnte Straßwalchen an der Grenze zu Oberösterreich sein im Jahr 1462 verliehenes Marktrecht wirtschaftlich gut nutzen, die schönen Bürgerhäuser zeugen noch von diesem Reichtum.

Mattsee und Obertrum an den jeweils namensgleichen Seen sind weitere Gemeinden, die die Schönheit der Seenlandschaft mit ökonomischer Entwicklung harmonisch zu verbinden wissen. Schloss und Stift Mattsee belegen die militärisch und seelsorgerisch wichtige strategische Position der Region als Vorposten des Erzbistums Salzburg, die heutige Schlossanlage geht auf eine um 1100 errichtete Burg zurück, die 1325 mit einem Wassergraben noch stärker geschützt wurde. Das Stift Mattsee wurde 777 gegründet und kam 993 in den Besitz des Bistums Passau. Es besteht ohne Unterbrechung bis heute und ist damit die älteste Weltpriestergemeinschaft Österreichs. Seine Kunstschätze sind in der „Alten Propstei" mit Stiftsmuseum,

Stiftsbibliothek und Schatzkammer zu sehen. Obertrum war lange Zeit Besitz der Herrschaft Mattsee, bis der Ort Ende des 14. Jahrhunderts ans Erzbistum fiel. Die fast 140 Jahre alte Kaiserbuche auf dem Haunsberg war 1868 in Erinnerung an den inoffiziellen Besuch Kaiser Josephs II. am 28. Oktober 1779 gepflanzt worden; bis zu einem Sturm im August 2004 stellte sie ein imposantes Naturdenkmal dar, ein 2005 gepflanzter Ableger tritt nun ihre Nachfolge an.

Weiter südöstlich ins Salzkammergut hinein kann man über Thalgau auf dem umfangreichen Wanderwegenetz zum Fuschlsee wandern. Auch der Ort Fuschl ist altes Siedlungsgebiet, schon im 8. Jahrhundert urkundlich erwähnt. Die Geschichte des Schlosses spiegelt das wechselvolle Geschick der Region wider: vom prunkvollen Jagdschloss des Erzbischofs über Verfall, Beschlagnahme und Erneuerung bis zur Verwendung als Luxushotel in einer blühenden Tourismusindustrie. Wenige Kilometer weiter östlich liegt der Wolfgangsee, von St. Gilgen im Westen und Strobl im Osten eingefasst. Nicht nur für den Ort St. Gilgen war es wichtig, dass er um 1600 das Pflegegericht erhielt – 1720 wurde hier Anna Maria Walburga, die Tochter des Pflegers Wolfgang Niklas Pertl, geboren, die Mutter Mozarts. Am anderen Ende des Sees liegt am weiten, flachen Ufer Strobl. Die schönen Naturbadestrände mit angenehmen Wassertemperaturen ziehen schon seit über 100 Jahren – oftmals auch prominente – Gäste an, die die Kombination von Bewegung in schöner Natur und Kulturdenkmälern wie die spätbarocke Pfarrkirche St. Sigmund oder die Kulturpromenade genießen.

Zurück in den Westen führt der Weg am Salzburgring vorbei wieder in die Nähe der Stadt Salzburg. Südlich liegt in der Gemeinde Elsbethen die Glasenbachklamm, deren fossile Funde sowie die durch den Bach freigelegten 200 Millionen Jahre alten Felsformationen Einblick in die Erdgeschichte geben. Zwei Schätzen der Natur verdankt auch die Marktgemeinde Grödig ihre Bedeutung: Ihr Marmor wurde in ganz Europa für Bauten verwendet, ihr Wasser versorgt schon seit dem Mittelalter durch den Almkanal die Stadt Salzburg. Am westlichen Fuß des Untersbergs liegt Großgmain, bewacht von der ehemals mächtigen Plainburg. Sie ist eine der ältesten Burgruinen Österreichs, es sind jedoch nur noch die über fünf Meter hohen Außenmauern, der Innenhof und der Eingangsbereich mit Torhaus erhalten. In der Marienwallfahrtskirche mit der „Schönen Madonna" (1395) sind gotische Tafelbilder des Meisters von Großgmain aus dem Jahr 1499 zu sehen.

Zum Abschluss der Rundreise geht es in die 1948 gegründete Doppelgemeinde Wals-Siezenheim. Die Orte wuchsen seit 1947 von 1.000 auf über 11.000 Einwohner an. Die oft „größtes Dorf Österreichs" genannte Gemeinde ist natürlich wirtschaftlich und infrastrukturell eng mit Salzburg verbunden. Dass bei aller wirtschaftlichen Orientierung die Kultur nicht zu kurz kommt, dafür sorgt der Verein Bachschmiede, der ein Dach für verschiedenste kulturelle Aktivitäten bietet.

**1** Aich,
1908

**2** Anif,
verschiedene
Motive,
vor 1905

**3** Anif,
Wasserschloss,
Zwanzigerjahre

**4** Anif,
Gasthof Friesacher,
um 1940

**5** Anif,
Gasthaus Knoll,
vor 1905

Gruss aus Anif.

Original u. Verlag von Otto Mathaus, Fotograf, Salzburg.

Gasthaus von Oswald Knoll.

14. 11. 15.

Kirche und Schule.

Strassenpartie.

M. Mayr

**6** Anif,
Pfarrkirche,
um 1905

**7** Anthering,
Totale, Warenhaus Fink,
vor 1905

Fink's Krämerei.

Totalansicht.

Gruss aus Anthering!

Verlag von Josef Herzog, Salzburg 132

**8** Arnsdorf,
100 Jahre „Stille Nacht,
heilige Nacht",
1918

**9** Bergheim,
Ortsansichten,
vor 1905

**10** Bergheim,
Gasthaus
Fischach,
vor 1905

Gruss aus Bergheim.

**11** Berndorf,
vor 1900

GRUSS aus BERNDORF AM HAUNSBERG.

Burgau am Attersee

**12** Burgau,
um 1905

**13** Burgau,
Hotel Burgau,
vor 1905

**14** Bürmoos,
Glasfabrik,
vor 1900

**15** Ebenau,
um 1915

**16** Elixhausen,
um 1910

**17** Elsbethen,
Gasthaus Ziegelau,
vor 1905

**18** Elsbethen,
Erentrudisalm,
um 1930

**19** Eugendorf,
vor 1900

**20** Faistenau,
verschiedene Motive,
vor 1905

FAISTENAU

**21** Faistenau,
Zwanzigerjahre

*Falkensteinkapelle bei St. Wolfgang*

**22** Falkenstein,
Falkensteinkapelle,
um 1910

**23** Fürberg,
Gasthof
Fürberg,
vor 1905

Gasthof Fürberg am Aber-Wolfgangsee
bei St. Gilgen.

**24** Fürberg,
Bootshäuser,
vor 1905

Fürberg am Wolfgang-See

**25**
Fürstenbrunn,
vor 1898

Fuschl am See gegen Westen.

**26** Fuschl,
Totale,
1909

**27** Fuschl,
Strandbad,
um 1934

Strandbad in Fuschl
im Salzkammergut

See- Restaurant Fuschl a. See.
Besitzer, Michael Schlick.

**28** Fuschl,
Seerestaurant,
vor 1919

M. Mayer' Gasthof Baderluck am Fuschlsee

Photo R. Gastberger
St. Gilgen

**29** Fuschl,
Gasthof Baderluck,
um 1950

**30** Fuschl,
Jausenstation Hochlacken

JAUSENSTATION HOCHLACKEN bei FUSCHL am SEE

**31** Glanegg,
Ortsansichten,
um 1905

**32** Glanegg,
Schloss,
1924

**33** Glasenbach,
Gasthof Weinberger und Kaufhaus Aigner,
vor 1905

**34** Glasenbach,
Betriebe in neuem Besitz

Simon u. Kath. Prillers Gasthaus vorm. Weinberger in Glasenbach

**35** Glasenbach,
Gasthaus Priller,
vormals Weinberger,
vor 1919

**36** Schloss Goldenstein,
1913

**37** Grödig,
1907

**38** Grödig,
vor 1905

**39** Grödig,
Restaurant Spielberg,
um 1905

**40** Grödig,
Lehrlings-Erholungsheim,
um 1940

Besuch i. d.
Stadt Salzburg

Ankunft i. d. Stadt Grödig

GRÖDIG

Lehrlings Erholungsheim

**41** Grödig, Lehrlings-Erholungsheim, um 1925

Gesamtansicht des Heimes

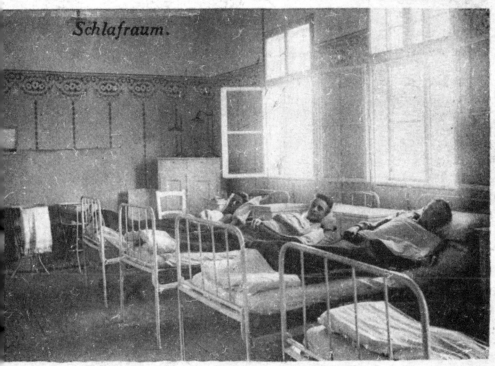

Schlafraum.

rödig in Salzburg.

**42** Grödig,
militärisches Begräbnis,
vor 1919

Das russische Gefangenenlager in Grödig bei Salzburg
vom Untersbergaus

**44** Großgmain,
vor 1905

**45** Großgmain,
1909

Pension Sta. Maria in Großgmain

**46** Großgmain, Pension Santa Maria, um 1920

Großgmain

**47** Großgmain, Villa Etzerodt, um 1915

Gasthof u. Restauration „Kaiser Karl", Grossgmain.

Verlag F. Gramer's Nachf. P. Schmid, Bad Reichenhall.

**48** Großgmain, Gasthof „zum Kaiser Karl", vor 1905

**49** Großgmain, Gasthof Vötterl, 1909

**50** Großgmain, Ruine Plainburg, 1908

**51** Gschwandt, Gasthaus „zum Gamsjaga", vor 1905

**52** Guggenthal, Restaurant Guggenthal, um 1905

**53** Guggenthal, Gasthof Guggenthal, Dreißigerjahre

**54** Guggenthal, Gasthaus „Nockstein", Fünfzigerjahre

**55** Hallwang,
um 1930

**56** beim „Hängenden Stein",
1907

Gasthaus zur Kaiserbuche a. Haunsberg. Besitzer Frz. Bauerstätter

**57** Haunsberg,
Gasthaus „zur Kaiserbuche",
Dreißigerjahre

**58** Haunsberg,
Kaiserbuche,
um 1925

Gaisberg · Tennen Gebirge · Hoher Göll · Untersberg

Gasthaus z. Kaiserbuche

Hier stand der
große Kaiser
Josef II. am
28. Oktober 1779

Kapelle mit Buche

Motiv aus Henndorf am Wallersee

**59** Henndorf, Pfarrkirche St. Vitus, 1914

Henndorf am Wallersee.

Brauerel Henndorf.

Handlung
M. Unverdorben

**60** Henndorf,
Ortsansichten,
um 1910

**61** Henndorf,
Pfarrhof,
1928

Henndorf mit Pfarrhof.

*Henndorf, oberer Markt.*

**62** Henndorf,
1928

**63** Henndorf,
Caspar Moser Bräu,
1928

*Henndorf, Moser Bräuhaus.*

*Henndorf, unterer Markt.*

**64** Henndorf,
1928

*Henndorf. Sylvester Wagner's Wohnhaus.*

**65** Henndorf,
Wohnhaus des
Mundartdichters
Sylvester Wagner

Henndorf — Badeplatz am Wallersee

**66** Henndorf,
Strandbad,
Zwanzigerjahre

**67** Himmelreich,
vor 1905

Himmelreich bei Salzburg

Karl Hintner u. Sohn, Salzburg.

Gasthaus des Herrn Gollackner, Steinmetzmeister, Himmelreich bei Salzburg.

**68** Himmelreich, Gasthaus Gollackner, um 1910

**69** Hintersee, vor 1905

Gruss aus Hintersee

Hintersee bei Salzburg.

**70** Hintersee, um 1915

**71** Hof,
um 1915

**72** Holzhausen,
1942

**73** Holzhausen,
Moorbad,
Dreißigerjahre

**74** Hüttenstein,
Gasthaus Aberger,
um 1910

Salzkammergutbahn. Schloss Hüttenstein

**75** Hüttenstein,
Schloss,
vor 1900

**76** Irrsdorf,
bei Straßwalchen

Irsdorf Strasswalchen.

Meierei und Restaurant Klessheim

**77** Klessheim, Meierei und Restaurant

**78** Koppl, um 1905

Gruß aus Koppel

Gruss aus Köstendorf bei Neumarkt-Salzburg

**79** Köstendorf, vor 1905

**80** Köstendorf,
Pfarrkirche

**81** Lamprechts-
hausen,
Kaufhaus Weikl,
vor 1905

**82** Lengfelden,
der Bräuwirt,
um 1950

**83** Gasthaus
Lueg,
um 1915

**84** Maria
Bühel,
Wallfahrts-
kirche,
Zwanzigerjahre

**85** Mattsee,
Stift Mattsee,
um 1905

Verlag: Hermann Steiner

Mattsee

**86** Mattsee,
Tennisplatz,
vor 1905

**87** Mattsee,
Gasthof „zur Post",
Zwanzigerjahre

Gasthof zur Post, Mattsee, vorzügliche Küche, erstklassige Fremdenzimmer nächster Nähe vom See

**88** Mattsee,
Café „Seerose",
um 1930

**89** Mattsee,
Manöver,
1899

**90** Mattsee,
Uferpromenade,
um 1915

**91** Mattsee,
Strandbad

**92** Matzing

**93** Stift Michaelbeuern,
vor 1905

Stift. Michaelbeuern.

**94** Stift Michaelbeuern,
um 1910

**95** Neumarkt,
Pfarrkirche,
1909

Oberer Markt

Gruss aus Neumarkt bei Salzburg

Verlag: Franz Stecher, Neumarkt. Vertrieb: F. E. Brandt, Gmunden.

**96** Neumarkt,
vor 1905

**97** Neumarkt,
Gasthaus „zum Hirschen",
1909

Neumarkt bei Salzburg · · · Marktplatz

K. GÖLLNERS GASTHAUS ZUM HIRSCHEN

Strandbad Neumarkt am Wallersee

**98** Neumarkt,
Strandbad am Wallersee,
Zwanzigerjahre

**99** Niederalm,
Lager für ostjüdische Flüchtlinge,
um 1917

Flüchtlingslager in Niederalm bei Anif (Salzburg).

Nußdorf am Haunsberg

**100** Nußdorf,
Dreißigerjahre

**101** Oberburgau,
Villa Waldeck und Mauermanngütl

Villa Waldeck.                Mauermanngütl.
Ober-Burgau, am Fusse des Schafberges, Salzkammergut.

**102** Obereching,
Ortseinfahrt,
um 1910

**103** Obereching,
Zeichnung der Vogelschau,
um 1915

Oberndorf (Oesterreich)　　Laufen (Oberbayern)

Gasthof Moosleitner, Oberndorf bei Salzburg

**104** Oberndorf, Gasthof Moosleitner, Zwanzigerjahre

**105** Oberndorf,
Fünfzigerjahre

**106** Oberndorf,
Salzachbrücke nach Laufen,
vor 1905

**107** Oberndorf,
neue Siedlung bei der
Salzachbrücke,
um 1910

Alt Oberndorf, Landstrasse          1290

**108** Oberndorf,
alter Ortskern

**109** Obertrum,
1909

**110** Obertrum,
Pfarrkirche,
um 1910

**111** Obertrum,
Braugasthof Sigl,
Vierzigerjahre

**112** Perwang,
gezeichnete Karte

**113** Plainfeld,
um 1915

**114** Sankt Gilgen,
um 1920

St. Gilgen, Postplatz

**115** Sankt Gilgen,
Postplatz,
1937

**116** Sankt Gilgen,
Geburtshaus von Mozarts
Mutter Anna Maria

St. Gilgen · Geburtshaus der Mutter Mozart.

**117** Sankt Gilgen,
Gasthof Kendler,
um 1930

**118** Sankt Gilgen,
Gasthof „zur Post",
um 1915

**119**
Sankt Gilgen,
bei der Kirche

**120**
Sankt Gilgen,
Villa Kestranek,
um 1905

St. Gilgen

Seehotel

**121**
Sankt Gilgen,
Seehotel,
vor 1905

90 Partie von St. Gilgen

**122** Sankt Gilgen,
Strandbad,
vor 1919

**123** Sankt Gilgen,
Grottensee,
1915

Salzkammergut. Grottensee bei St. Gilgen gegen Zwölferhorn.

St. Leonhard-Drachenloch

**124** Sankt Leonhard,
vor 1905

**125** Sankt Leonhard,
Tramhaltestelle,
vor 1905

St. Leonhardt-Drachenloch

Bahnhofsrestauration

Gasthaus z. Schorn, Bes. E. Ziegler    St. Leonhard b. Salzburg

**126** Sankt Leonhard, Gasthaus Ziegler,
Zwanzigerjahre

**127** Sankt Leonhard,
um 1905

**128** Sankt Pankraz,
Ortsansichten,
um 1914

**129** Schafberg,
Schafbergalpe,
1910

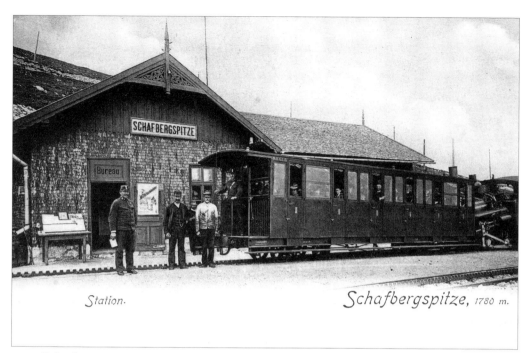

Station.

Schafbergspitze, 1780 m.

**130** Schafberg,
Haltestelle Schafbergspitze,
vor 1905

**131** Schafberg,
Bergfahrt der Schafbergbahn,
1909

Schafbergbahn.

Bergfahrt.

**132** Scharfling,
Waldhotel
Kreuzstein,
um 1920

**133** Scharfling,
Panorama,
vor 1905

**134** Scharfling,
1930

**135** Schleedorf,
um 1940

Schleedorf, Salzburg

**136** Seeham,
Zwanzigerjahre

Seeham am Mattsee, Salzburg

**137** Seeham,
Zwanzigerjahre

**138** Seeham,
Gasthaus Wimmer,
um 1920

**139** Seeham,
Gemischtwaren Permadinger,
Zwanzigerjahre

140 Seeham,
Gasthaus
Zehetner,
Zwanzigerjahre

141 Seekirchen,
Gasthaus
Baumann,
um 1910

142
Seekirchen,
Schloss
Seeburg,
Dreißigerjahre

**143** Seekirchen,
Ort und Bahnhofsrestaurant,
vor 1902

**144** Seekirchen,
Ortsteil Seewalchen mit Schloss Seeburg,
vor 1919

**145** Seekirchen,
Dreißigerjahre

**146** Seekirchen,
Bahnhofstraße,
Dreißigerjahre

**147** Seekirchen,
Strandbad,
Dreißigerjahre

**148** Sighartstein,
Schloss,
1919

Gruss aus Sieghartstein.

Franz Lettner's Handlung

Totalansicht von Sieghartstein

**149** Sighartstein,
Ortsansichten,
um 1920

**150** Siezenheim,
1917

Siezenheim bei Salzburg

Gruß aus Siezenheim

**151**
Siezenheim,
Totale,
um 1905

Martin Feichtinger's Restauration.

**152** Söllheim,
Restaurant
Feichtinger

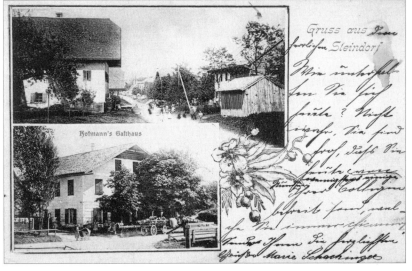

Gruss aus Steindorf

Hofmann's Gasthaus

**153** Steindorf,
Gasthaus
Hofmann,
vor 1905

Marktplatz

GRUSS aus STRASSWALCHEN

**154** Straßwalchen,
verschiedene Motive

**155** Straßwalchen,
Ortskern, Modegeschäft Hofmann,
vor 1905

Bürgerstrasse (Oberer Markt)

Modegeschäft v. Th. Hofmann.

Gruss aus Strasswalchen
b. Salzburg

Verlag. Therese Hofmann, Strasswalchen.

**156** Straßwalchen,
Gasthof „zur Post",
vor 1919

**157** Straßwalchen,
Dreißigerjahre

**158** Straßwalchen,
Gasthof Guss,
gemalte Karte

**159** Strobl,
Villa Malowetz,
vor 1900

**160** Strobl,
Seehotel und Strandbad,
1928

**161** Tannberg,
Restaurant Zwischenbrugger,
1914

Tennengebirge      Hoher Göll      Watzmann   Untersberg

**162** Thalgau,
Ortsansichten,
1908

**163** Thalgau,
Dechanthof,
1912

Zinnoxydwerk Thalgau, Nic. Gaertner

Bahnstation Irlach.

**164** Thalgau, Zinnverarbeitung des Nikolaus Gaertner, um 1920

Schoosleitners Gasthof „zum Drahtzug"

ephon Thalgau Nr. 4

**165** Thalgau,
beim Kino,
Dreißigerjahre

**166** Thalgau,
Bahnstation

Thalgau b. Salzburg

**167**
Thalgaueck,
Schutzhütte
Ruine
Wartenfels,
um 1910

*Untereching bei Oberndorf a. Salzach*

**168** Untereching,
Dreißigerjahre

**169** Untersberg,
der Raindl-Kaser,
vor 1905

Julie Madlseder, Photogr. Anstalt, Bad Reichenhall

*Raindl-Kaser* am Untersberg

**170** Untersberg,
Gasthaus „Rositten",
um 1920

**171** Ursprung,
Wald-Restaurant Ursprung,
vor 1919

Wald-Restaurant Ursprung b. Salzburg
Schönster Ausflugsort - Fremdenzimmer
Bahnstation: Hallwang-Elixhausen

**172** Ursprung,
vor 1900

**173** Viehhausen,
vor 1905

**174** Vordersee, Restaurant Fischer, um 1920

**175** Wacht,
vor 1905

**176** Wals,
1916

**177** Schloss Weitwörth,
vor 1919

**178** Wies,
Gasthaus Manglberger,
um 1915

M. Reindl's Gasthof in Wiesenau am Mondsee

**179** Wiesenau,
Gasthof Reindl,
um 1910

**180** Wiesenau,
verschiedene Motive,
vor 1900

VILLA WALDECK

WIESENAU BEI SEE

SEE AM MONDSEE

**181** Zell,
um 1905

Zell am Wallersee

**182** Zellhof,
vor 1905

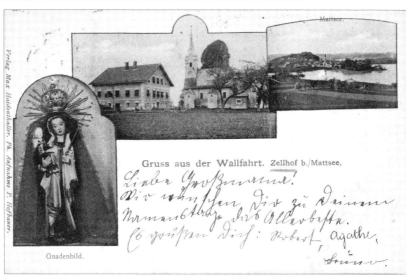

*Verlag Max Haidenkaller, Ph. Aufnahme P. Hofbauer.*

Gnadenbild.

Mattsee.

Gruss aus der Wallfahrt. Zellhof b./Mattsee.

Eis Kapelle.

GRUSS aus Zinkenbach.

Hochbrücke.

**183**
Zinkenbach,
Zinkenbachtal,
vor 1905

Foto: Riegler

Ich habe mich bemüht, aus tausenden historischen Ansichtskarten Ihres Bezirks die schönsten und aussagekräftigsten Motive auszusuchen und zu präsentieren.

Sollte Ihr Haus oder Ihr Dorf nicht in der Auswahl dieses Buches sein, so heißt das nicht, dass es dazu keine Ansichtskarte in meinem Archiv gibt. Ich lade Sie gerne ein, meine Sammlung von 2,5 Millionen historischen Karten zu besuchen und sich schlau zu machen – bringen Sie gleich alte Ansichtskarten aus Ihrer Gemeinde mit!

Und es gibt noch eine Vielzahl von anderen Motiven: Krampus-, Oster- und Tierkarten, Künstlerkarten, Karten von Personen und Ereignissen aus der Politik, von Naturkatastrophen, Berufen, Vereinen und vieles andere mehr. Ich berate Sie gerne unverbindlich, freue mich aber auch über ein entsprechendes Angebot, mit dem Sie mir helfen können, meine Kollektion zu erweitern.

Johann Riegler
Wienerstraße 69
A-3252 Petzenkirchen
Tel.: 0664/338 98 97

Johann Riegler in seinem Archiv

Foto: Lackinger